"乡村振兴""中国乡村儒学推广与研究中心"重点项目

乡村儒学

礼·做人的尺度

总主编 颜炳罡

中国乡村儒学推广与研究中心 编

礼

山东城市出版传媒集团·济南出版社

图书在版编目（CIP）数据

礼：做人的尺度 / 程永凯编. —济南：济南出版

社，2021.1（2024.1重印）

（乡村儒学 / 颜炳罡主编）

ISBN 978-7-5488-4436-5

Ⅰ.①礼… Ⅱ.①程… Ⅲ.①社交礼仪—通俗读

物 Ⅳ.①C912-49

中国版本图书馆CIP数据核字（2020）第262990号

出 版 人　崔　刚
丛书策划　冀瑞雪
责任编辑　冀瑞雪　张子涵
封面设计　侯文英
版式设计　谭　正

出版发行　济南出版社
地　　址　山东省济南市二环南路1号（250002）
编辑热线　0531-86131747（编辑室）
发行热线　82709072 86131701 86131729 82924885（发行部）
印　　刷　山东潍坊新华印务有限责任公司
版　　次　2021年5月第1版
印　　次　2024年1月第4次印刷
成品尺寸　150 mm×230 mm 16开
印　　张　5.75
字　　数　60千
印　　数　25001-30000册
定　　价　29.00元

总　序

2018年3月8日，习近平总书记参加十三届全国人大一次会议山东代表团审议时强调指出："要推动乡村文化振兴，加强农村思想道德建设和公共文化建设，以社会主义核心价值观为引领，深入挖掘优秀传统农耕文化蕴含的思想观念、人文精神、道德规范，培育挖掘乡土文化人才，弘扬主旋律和社会正气，培育文明乡风、良好家风、淳朴民风，改善农民精神风貌，提高乡村社会文明程度，焕发乡村文明新气象。"2020年12月28日至29日，在中央农村工作会议上，他再次强调："要加强社会主义精神文明建设，加强农村思想道德建设，弘扬和践行社会主义核心价值观，普及科学知识，推进农村移风易俗，推动形成文明乡风、良好家风、淳朴民风。"文明乡风、良好家风、淳朴民风是中国乡村社会的追求，也是中国基层社会祥和、温馨的具体体现。乡村振兴说到底就是要满足乡民对美好生活的向往与需求，让民众有获得感与幸福感。文化振兴是乡村振兴的重要文化支撑，是实现文明乡风、良好家风、淳朴民风的前提和基础。

　　传统中国是一个以农立国的国度，中华文明是以农为本的农耕文明。农业是传统中国的立国之基、立国之本，凡中国传统政治、经济、教育、生活习俗、文学作品、思想信仰、行为方式等等，无不留下鲜明的乡土色彩。古人云："求木之长者，必固其根本；欲流之远者，必浚其泉源；思国之安者，必积其德义。"乡村社会是中国社会之本，农耕文明是中华文明的源头，文明乡风、良好家风、淳朴民风建设旨在为中华文明的繁荣而"固本"，为中华文明的流长而"浚源"。

　　中国传统士人，从孔子的"里仁"追求，到孟子"出入相友，守望相助，疾病相扶持"的向往；从荀子的"在本朝则美政，在下位则美俗"的自我要求，到北宋吕氏兄弟"德业相劝，过失相规，礼俗相交，患难相恤"的文明乡风的实践，历代知识分子将建书院、兴教化、育人才、淳风俗、正人心、树家风作为自己的职责所在。从政府层面讲，从西汉时期确立的"三老"制度实践，到明太祖朱元璋"圣谕六条"落实，积累了丰富的乡村教化与乡村治理的经验，是中华民族智慧的体现。这些思想资源仍然可以为我们所用，依然闪烁着智慧的光辉。

　　我从事"乡村儒学"实践有年矣。众所周知，"乡村儒学"是讲儒学的，然而儒学是一套庞大的思想系统，从哪里讲？讲什么？一直困惑着大家。因为没有统一的讲学内容，更没有统一的标准，似乎讲者对什么有兴趣或擅长什么就讲什么，没有问过受众是否需要，是否有兴趣。或者说为什么讲这些。本套丛书力图解决这一问题。我们将本套丛书分为三个系列，即美德系列、经典系列、应用系列，每一个系列出版八到十册。本套之所以命名为"乡村儒学"丛书，旨在为乡村的文明乡风、良好家风、淳朴民风"三风"做点实实在在的工作，为乡村文化振兴提供精神助力，为美丽乡村建设添砖加瓦。

　　谨为序。

　　　　　　　　　　　　　山东大学　颜炳罡

前　言

　　中国自古是礼仪之邦，礼在中国人的日常生活中扮演着非常重要的角色。可以说，中国人的一举一动、一言一行，都离不开礼。先秦时期的儒学三大家中，孔子主张"仁""礼"合一，孟子以"仁""义""礼""智"四德并称，荀子主张隆礼尊贤，礼在他们的学说中都占据着非常重要的位置。

　　中国古代礼制分为吉、嘉、宾、军、凶五礼，吉礼是祭祀祈祷之礼，嘉礼是朝贺冠婚之礼，宾礼是朝会燕飨之礼，军礼是军旅田射之礼，凶礼是丧葬凶荒之礼。此外，还包括一些衣服、车马、宫室、器物等方面的名物制度。古代五礼中许多是朝廷之礼。与老百姓密切相关的主要是冠、婚、丧、祭等礼仪。

　　为了适应乡村儒学的普及与教学需要，本书主要选取古代经典中与普通人生活息息相关的一些礼仪进行讲解，内容主要包括礼的通论、个人之礼、人际之礼和人生之礼等。希望本书能够为我们的日常生活提供一个礼仪参考，为乡村儒学的弘扬添砖加瓦，使我们每一个人都能成为仁礼合一、文质彬彬的君子。

目 录

1.1

yīng wǔ néng yán　bù　lí　fēi niǎo xīng xing néng yán　bù
鹦 鹉 能 言，不 离 飞 鸟。猩 猩 能 言，不

lí qín shòu jīn rén ér wú lǐ　suī néng yán　bú yì qín shòu
离 禽 兽。今 人 而 无 礼，虽 能 言，不 亦 离 兽

zhī xīn hū　fú wéi qín shòu wú lǐ　gù fù zǐ jù yōu　shì gù
之 心 乎? 夫 唯 禽 兽 无 礼，故 父 子 聚 麀。是 故

shèng rén zuò　wéi lǐ yǐ jiào rén　shǐ rén yǐ yǒu lǐ　zhī zì
圣 人 作，为 礼 以 教 人，使 人 以 有 礼，知 自

bié yú qín shòu
别 于 禽 兽。

——《礼记·曲礼上》

nán nǚ yǒu bié rán hòu fù zǐ qīn　fù zǐ qīn rán hòu yì
男 女 有 别 然 后 父 子 亲，父 子 亲 然 后 义

shēng　yì shēng rán hòu lǐ zuò　lǐ zuò rán hòu wàn wù ān　wú bié
生，义 生 然 后 礼 作，礼 作 然 后 万 物 安。无 别

wú yì　qín shòu zhī dào yě
无 义，禽 兽 之 道 也。

——《礼记·效特牲》

故人之所以为人者，非特以其二足而无毛也，以其有辨也。夫禽兽有父子而无父子之亲，有牝牡而无男女之别，故人道莫不有辨。

——《荀子·非相篇》

礼起于何也？曰：人生而有欲，欲而不得，则不能无求；求而无度量分界，则不能不争；争则乱，乱则穷。先王恶其乱也，故制礼义以分之，以养人之欲，给人之求，使欲必不穷乎物，物必不屈于欲，两者相持而长，是礼之所起也。

——《荀子·礼论篇》

1.2

夫礼者，自卑而尊人。

——《礼记·曲礼上》

lǐ zhě jìng ér yǐ yǐ
礼者，敬而已矣。

——《孝经·广要道章》

gōng jìng zhī xīn lǐ yě
恭 敬 之 心，礼 也。

——《孟子·告子上》

lǐ rén bù dá fǎn qí jìng
礼 人 不 答，反 其 敬。

——《孟子·离娄上》

zǐ yuē rén ér bù rén rú lǐ hé rén ér bù rén
子曰："人 而 不 仁，如 礼 何？人 而 不 仁，

rú yuè hé
如 乐 何？"

——《论语·八佾》

zǐ yuē lǐ yún lǐ yún yù bó yún hū zāi yuè yún yuè
子曰："礼 云 礼 云，玉 帛 云 乎 哉？乐 云 乐

yún zhōng gǔ yún hū zāi
云，钟 鼓 云 乎 哉？"

——《论语·阳货》

xiào lǐ zhī shǐ yě
孝，礼 之 始 也。

——《左传·文公二年》

zhōng xìn　　lǐ zhī qì yě　　bēi ràng　lǐ zhī zōng yě
忠　信，礼之器也。卑让，礼之宗也。

——《左传·昭公二年》

zhōng xìn　　lǐ zhī běn yě　　yì lǐ　　lǐ zhī wén yě
忠　信，礼之本也。义理，礼之文也。

——《礼记·礼器》

cí ràng zhī xīn　　lǐ zhī duān yě
辞让之心，礼之端也。

——《孟子·公孙丑上》

ràng　　lǐ zhī zhǔ yě
让，礼之主也。

——《左传·襄公十二年》

lǐ yǒu sān běn　 tiān dì zhě　shēng zhī běn yě　xiān zǔ zhě
礼有三本：天地者，生之本也；先祖者，

lèi zhī běn yě　　jūn shī zhě　　zhì zhī běn yě　　wú tiān dì　　wū
类之本也；君师者，治之本也。无天地，恶

shēng wú xiān zǔ　　wū chū　　wú jūn shī　　wū zhì　　sān zhě piān wáng
生？无先祖，恶出？无君师，恶治？三者偏亡

yān　 wú ān rén　　gù lǐ shàng shì tiān　xià shì dì　zūn xiān zǔ
焉，无安人。故礼上事天，下事地，尊先祖

ér lóng jūn shī　　shì lǐ zhī sān běn yě
而隆君师，是礼之三本也。

——《荀子·礼论篇》

lín fàng wèn lǐ zhī běn　　zǐ yuē　　dà zāi wèn　lǐ　yǔ
林放问礼之本，子曰："大哉问! 礼，与

其奢也，宁俭；丧，与其易也，宁戚。"

——《论语·八佾》

礼，时为大，顺次之，体次之，宜次之，称次之。

——《礼记·礼器》

1.3

夫礼者，所以定亲疏，决嫌疑，别同异，明是非也。……道德仁义，非礼不成。教训正俗，非礼不备。分争辨讼，非礼不决。君臣、上下、父子、兄弟，非礼不定。宦学事师，非礼不亲。班朝治军，莅官行法，非礼威严不行。祷祠祭祀，供给鬼神，非礼不诚不庄。是以君子恭敬、撙节、退让以明礼。

——《礼记·曲礼上》

tiān dì yǐ hé　rì yuè yǐ míng　sì shí yǐ xù　xīng chén
天地以合，日月以明，四时以序，星辰

yǐ xíng jiāng hé yǐ liú　wàn wù yǐ chāng hào wù yǐ jié　xǐ nù
以行，江河以流，万物以昌，好恶以节，喜怒

yǐ dàng yǐ wéi xià zé shùn　yǐ wéi shàng zé míng wàn wù biàn ér
以当。以为下则顺，以为上则明，万物变而

bú luàn　èr zhī zé sàng yě　lǐ qǐ bú zhì yǐ zāi
不乱，贰之则丧也。礼岂不至矣哉！

——《荀子·礼论篇》

1.4

xiàng shǔ yǒu tǐ　rén ér wú lǐ　rén ér wú lǐ　hú bù
相鼠有体，人而无礼。人而无礼，胡不

chuán sǐ
遄死！

——《诗经·鄘风·相鼠》

gù rén wú lǐ zé bù shēng shì wú lǐ zé bù chéng guó
故人无礼则不生，事无礼则不成，国

wú lǐ zé bù níng wáng wú lǐ zé sǐ wáng wú rì yǐ　shī
无礼则不宁，王无礼则死亡无日矣。《诗》

yuē　rén ér wú lǐ　hú bù chuán sǐ
曰："人而无礼，胡不遄死！"

——《韩诗外传》卷一

zǐ yuē　gōng ér wú lǐ zé láo shèn ér wú lǐ zé xǐ
子曰："恭而无礼则劳，慎而无礼则葸，

yǒng ér wú lǐ zé luàn zhí ér wú lǐ zé jiǎo jūn zǐ dǔ yú
勇 而 无 礼 则 乱，直 而 无 礼 则 绞。君 子 笃 于

qīn zé mín xīng yú rén gù jiù bù yí zé mín bù tōu
亲，则 民 兴 于 仁；故 旧 不 遗，则 民 不 偷。"

——《论语·泰伯》

jūn zǐ guì qí shēn ér hòu néng jí rén shì yǐ yǒu lǐ
君 子 贵 其 身 而 后 能 及 人，是 以 有 礼。

jīn fū zǐ bēi qí dà fū ér jiàn qí zōng shì jiàn qí shēn yě néng
今 夫 子 卑 其 大 夫 而 贱 其 宗，是 贱 其 身 也，能

yǒu lǐ hū wú lǐ bì wáng
有 礼 乎? 无 礼 必 亡。

——《左传·昭公二十五年》

2.1

jūn zǐ bú zhòng zé bù wēi
君 子 不 重，则 不 威。

——《论语·学而》

zhì lǐ yǐ zhì gōng zé zhuāng jìng zhuāng jìng zé yán wēi
致 礼 以 治 躬 则 庄 敬，庄 敬 则 严 威。

xīn zhōng sī xū bù hé bú lè ér bǐ zhà zhī xīn rù zhī yǐ wài
心 中 斯 须 不 和 不 乐，而 鄙 诈 之 心 入 之 矣。外

mào sī xū bù zhuāng bú jìng ér màn yì zhī xīn rù zhī yǐ
貌 斯 须 不 庄 不 敬，而 慢 易 之 心 入 之 矣。

——《礼记·乐记》，另见《祭义》

tǐ gōng jìng ér xīn zhōng xìn shù lǐ yì ér qíng ài rén
体 恭 敬 而 心 忠 信，术 礼 义 而 情 爱 人，

héng xíng tiān xià　suī kùn sì yí　rén mò bú guì　láo kǔ zhī shì
横 行 天 下，虽 困 四 夷，人 莫 不 贵。劳 苦 之 事

zé zhēng xiān　ráo lè zhī shì zé néng ràng duān què chéng xìn　jū
则 争 先，饶 乐 之 事 则 能 让，端 悫 诚 信，拘

shǒu ér xiáng　héng xíng tiān xià　suī kùn sì yí　rén mò bú rèn
守 而 详，横 行 天 下，虽 困 四 夷，人 莫 不 任。

——《荀子·修身篇》

2.2

yán yuān wèn rén　zǐ yuē　kè jǐ fù lǐ wéi rén　yí rì
颜 渊 问 仁。子 曰："克 己 复 礼 为 仁。一 日

kè jǐ fù lǐ　tiān xià guī rén yān　wéi rén yóu jǐ　ér yóu rén
克 己 复 礼，天 下 归 仁 焉。为 仁 由 己，而 由 人

hū zāi　yán yuān yuē　qǐng wèn qí mù　zǐ yuē　fēi lǐ
乎 哉？"颜 渊 曰："请 问 其 目？"子 曰："非 礼

wù shì　fēi lǐ wù tīng　fēi lǐ wù yán　fēi lǐ wù dòng　yán
勿 视，非 礼 勿 听，非 礼 勿 言，非 礼 勿 动。"颜

yuān yuē　　huí suī bù mǐn　qǐng shì sī yǔ yǐ
渊 曰："回 虽 不 敏，请 事 斯 语 矣。"

——《论语·颜渊》

lì zé qìng zhé gǒng zé bào gǔ　xíng bù zhòng guī　zhé
立 则 磬 折，拱 则 抱 鼓，行 步 中 规，折

xuán zhòng jǔ
旋 中 矩。

——《韩诗外传》卷一

jūn zǐ zhī róng shū chí　jiàn suǒ zūn zhě qí sù　zú róng
君 子 之 容 舒 迟，见 所 尊 者 齐 遬。足 容

重，手容恭，目容端，口容止，声容静，头
容直，气容肃，立容德，色容庄，坐如尸，
燕居告温温。

——《礼记·玉藻》

2.3

子曰：长民者，衣服不贰，从容有常，以
齐其民，则民德壹。《诗》云："彼都人士，狐
裘黄黄。其容不改，出言有章。行归于周，
万民所望。"

——《礼记·缁衣》

羔裘逍遥，狐裘以朝。岂不尔思？劳心
忉忉。

羔裘翱翔，狐裘在堂。岂不尔思？我心
忧伤。

——《诗经·桧风·羔裘》

3.1

fù wéi kǎo　　mǔ wéi bǐ
父为考，母为妣。

fù zhī kǎo　　wéi wáng fù　　fù zhī bǐ　　wéi wáng mǔ
父之考，为王父；父之妣，为王母。

fù zhī kūn dì　　xiān shēng wéi shì fù　　hòu shēng wéi shū fù
父之昆弟，先生为世父，后生为叔父。

fù zhī xiōng qī　　wéi shì mǔ　　fù zhī dì qī　　wéi shū mǔ
父之兄妻，为世母；父之弟妻，为叔母。

fù zhī zǐ mèi wéi gū
父之姊妹为姑。

——宗族《尔雅·释亲》

mǔ zhī kǎo　　wéi wài wáng fù　　mǔ zhī bǐ　　wéi wài wáng mǔ
母之考，为外王父；母之妣，为外王母。

mǔ zhī kūn dì　　wéi jiù　　mǔ zhī zǐ mèi　　wéi cóng mǔ
母之昆弟，为舅；母之姊妹，为从母。

——母党《尔雅·释亲》

qī zhī fù　　wéi wài jiù　　qī zhī mǔ　　wéi wài gū
妻之父，为外舅；妻之母，为外姑。

qī zhī kūn dì wéi shēng　　qī zhī zǐ mèi tóng chū wéi yí
妻之昆弟为甥。妻之姊妹同出为姨。

——妻党《尔雅·释亲》

fù zhī fù mǔ　　xù zhī fù mǔ　　xiāng wèi wéi hūn yīn
妇之父母、婿之父母，相谓为婚姻。

wèi wǒ jiù zhě　　wú wèi zhī shēng yě
谓我舅者，吾谓之甥也。

——婚姻《尔雅·释亲》

3.2

tài shàng guì dé　　qí cì wù shī bào　　lǐ shàng wǎng lái
太上贵德。其次务施报。礼尚往来，

wǎng ér bù lái　　fēi lǐ yě　　lái ér bù wǎng　　yì fēi lǐ yě
往而不来，非礼也；来而不往，亦非礼也。

——《礼记·曲礼上》

dà fū　　shì xiāng jiàn　　suī guì jiàn bù dí　　zhǔ rén jìng
大夫、士相见，虽贵贱不敌，主人敬

kè　　zé xiān bài kè　　kè jìng zhǔ rén　　zé xiān bài zhǔ rén
客，则先拜客；客敬主人，则先拜主人。

——《礼记·曲礼下》

shì xiāng jiàn zhī lǐ　　zhì　　dōng yòng zhì　　xià yòng jū
士相见之礼，贽，冬用雉，夏用腒。

xià dà fū xiāng jiàn　　yǐ yàn　　shì zhī yǐ bù　　wéi zhī yǐ
下大夫相见，以雁，饰之以布，维之以

suǒ　　rú zhí zhì
索，如执雉。

shàng　　dà fū xiāng jiàn　　yǐ gāo　　shì zhī yǐ bù　　sì wéi
上大夫相见，以羔，饰之以布，四维

zhī　　jié yú miàn
之，结于面。

——《仪礼·士相见礼》

3.3

xiāng yǐn jiǔ zhī lǐ suǒ yǐ míng zhǎng yòu zhī xù yě
乡饮酒之礼，所以明 长 幼之序也。……

xiāng yǐn jiǔ zhī lǐ fèi zé zhǎng yòu zhī xù shī ér zhēng dòu zhī
乡 饮酒之礼废，则 长 幼之序失，而 争斗之

yù fán yǐ
狱繁矣。

——《礼记·经解》

gòng shí bù bǎo gòng fàn bù zé shǒu wú tuán fàn wú fàng
共 食不饱，共 饭不泽手。毋抟饭，毋放

fàn wú liú chuò wú zhà shí wú niè gǔ wú fǎn yú ròu wú
饭，毋流歠，毋咤食，毋啮骨，毋反鱼肉，毋

tóu yǔ gǒu gǔ wú gù huò wú yáng fàn fàn shǔ wú yǐ zhù wú
投与狗骨，毋固获，毋扬饭，饭黍毋以箸，毋

tà gēng wú xù gēng wú cì chǐ wú chuò hǎi
嚃羹，毋絮羹，毋刺齿，毋歠醢。

——《礼记·曲礼上》

yōu yōu lù míng shí yě zhī qín wǒ yǒu jiā bīn gǔ sè
呦呦鹿鸣，食野之芩。我有嘉宾，鼓瑟

gǔ qín
鼓琴。

gǔ sè gǔ qín hé lè qiě dān wǒ yǒu zhǐ jiǔ yǐ yàn
鼓瑟鼓琴，和乐且湛。我有旨酒，以燕

lè jiā bīn zhī xīn
乐嘉宾之心。

——《诗经·小雅·鹿鸣》

4.1

乃生男子，载寝之床，载衣之裳，载弄之璋。其泣喤喤，朱芾斯皇，室家君王。

乃生女子，载寝之地，载衣之裼，载弄之瓦。无非无仪，唯酒食是议，无父母诒罹。

——《诗经·小雅·斯干》

父执子之右手，咳而名之。妻对曰："记有成。"遂左还授师。子师辩告诸妇诸母名，妻遂适寝。夫告宰名，宰辩告诸男名。书曰某年某月某日生而藏之。宰告闾史，闾史书为二，其一藏诸闾府，其一献诸州史。州史献诸州伯，州伯命藏诸州府。

——《礼记·内则》

4.2

男子二十，冠而字。父前，子名；君前，臣名。女子许嫁，笄而字。

——《礼记·曲礼上》

二十而冠，始学礼，可以衣裘帛，舞大夏，惇行孝弟，博学不教，内而不出。三十而有室，始理男事，博学无方，孙友视志。……十有五年而笄，二十而嫁，有故，二十三年而嫁。

——《礼记·内则》

取妻如之何？必告父母。取妻如之何？匪媒不得。

——《诗经·齐风·南山》

昏礼者，将合二姓之好，上以事宗庙，

而下以继后世也，故君子重之。是以昏礼
纳采、问名、纳吉、纳征、请期，皆主人筵
几于庙，而拜迎于门外，入，揖让而升，
听命于庙，所以敬慎重正昏礼也。

——《礼记·昏义》

4.3

祭者，志意思慕之情也，忠信爱敬之
至矣，礼节文貌之盛矣。苟非圣人，莫
之能知也。圣人明知之，士君子安行之，
官人以为守，百姓以成俗。其在君子，以
为人道也；其在百姓，以为鬼事也。

——《荀子·礼论篇》

祭者，所以追养继孝也。孝者畜
也，顺于道不逆于伦，是之谓畜。是故，

孝子之事亲也，有三道焉：生则养，没则丧，丧毕则祭。养则观其顺也，丧则观其哀也，祭则观其敬而时也。尽此三道者，孝子之行也。

——《礼记·祭统》

故丧礼者，无他焉，明死生之义，送以哀敬而终周藏也。故葬埋，敬藏其形也；祭祀，敬事其神也；其铭诔系世，敬传其名也。事生，饰始也；送死，饰终也。终始具而孝子之事毕，圣人之道备矣。

——《荀子·礼论篇》

三年之丧何也？曰：称情而立文，因以饰群别，亲疏贵贱之节而不可益损也，故曰无适不易之术也。创巨者其日久，痛甚者其愈迟。三年之丧，称情而立文，所以为至

tòng jí yě zī cuī jū zhàng jū lú shí zhōu xí xīn zhěn
痛极也；齐衰、苴杖、居庐、食粥、席薪、枕

kuài suǒ yǐ wèi zhì tòng shì yě
块，所以为至痛饰也。

——《荀子·礼论篇》

4.4

bào zhú shēng zhōng yí suì chú chūn fēng sòng nuǎn rù tú sū
爆竹声中一岁除，春风送暖入屠苏。

qiān mén wàn hù tóng tóng rì zǒng bǎ xīn táo huàn jiù fú
千门万户曈曈日，总把新桃换旧符。

——王安石《元日》

qīng míng shí jié yǔ fēn fēn lù shàng xíng rén yù duàn hún
清明时节雨纷纷，路上行人欲断魂。

jiè wèn jiǔ jiā hé chù yǒu mù tóng yáo zhǐ xìng huā cūn
借问酒家何处有，牧童遥指杏花村。

——杜牧《清明》

yín zhú qiū guāng lěng huà píng qīng luó xiǎo shàn pū liú yíng
银烛秋光冷画屏，轻罗小扇扑流萤。

tiān jiē yè sè liáng rú shuǐ zuò kàn qiān niú zhī nǚ xīng
天阶夜色凉如水，坐看牵牛织女星。

——杜牧《秋夕》

míng yuè jǐ shí yǒu bǎ jiǔ wèn qīng tiān bù zhī tiān shàng
明月几时有？把酒问青天。不知天上

gōng què jīn xī shì hé nián wǒ yù chéng fēng guī qù yòu kǒng
宫阙，今夕是何年？我欲乘风归去，又恐

qióng lóu yù yǔ　gāo chù bú shèng hán　qǐ wǔ nòng qīng yǐng　hé
琼 楼 玉 宇，高 处 不 胜 寒。起 舞 弄 清 影，何

sì zài rén jiān
似 在 人 间？

zhuǎn zhū gé　dī qǐ hù　zhào wú mián　bù yīng yǒu hèn
转 朱 阁，低 绮 户，照 无 眠。不 应 有 恨，

hé shì cháng xiàng bié shí yuán　rén yǒu bēi huān lí hé　yuè yǒu yīn
何 事 长 向 别 时 圆？人 有 悲 欢 离 合，月 有 阴

qíng yuán quē　cǐ shì gǔ nán quán　dàn yuàn rén cháng jiǔ　qiān lǐ
晴 圆 缺，此 事 古 难 全。但 愿 人 长 久，千 里

gòng chán juān
共 婵 娟。

——苏轼《水调歌头》

第一章

不学礼，无以立

　　孔子曾经教导儿子孔鲤说："不学礼，无以立。"（《论语·季氏》）又说："不知礼，无以立也。"（《论语·尧曰》）所谓"无以立"，就是无法在社会上立足，由此可见学礼、知礼的重要性。

一

人以有礼，别于禽兽

人之所以为人的根据是什么？礼又是如何产生的？早在先秦时期，儒者们就探讨过这些问题。让我们跟随圣贤经典，一起来学习吧。

◎ 原　文

1. 鹦鹉能言，不离飞鸟。猩猩能言，不离禽兽。今人而无礼，虽能言，不亦禽兽之心乎？夫唯禽兽无礼，故父子聚麀。是故圣人作，为礼以教人，使人以有礼，知自别于禽兽。

——《礼记·曲礼上》

2. 男女有别然后父子亲，父子亲然后义生，义生然后礼作，礼作然后万物安。无别无义，禽兽之道也。

——《礼记·郊特牲》

3. 故人之所以为人者，非特以其二足而无毛也，以其有辨也。夫禽兽有父子而无父子之亲，有牝牡而无男女之别，故人道莫不有辨。

——《荀子·非相篇》

◎ 大 意

1. 鹦鹉即便能学人说话，仍然是飞鸟。猩猩即便能说话，仍然是野兽。如果作为人却没有礼义，就算会说话，不也是禽兽的心吗？只有禽兽是不讲礼义的，所以它们父子能与同一只母兽交配。因此圣人兴起了，制作礼义教导人们，使人们因为有礼仪，知道人与禽兽的分别。

2. 有了夫妻分别然后才有父子亲情，有了父子亲情然后义就产生了，义产生后礼才会兴起，礼兴起之后万物才能安定。如果人没有分别，没有礼义，那就是禽兽之道。

3. 因此，人之所以为人，不仅是因为人两足直立、没有兽毛，而是因为人有分别。禽兽有父子却没有父子亲情，有雌雄却没有夫妻分别，因此，为人之道都是有分别的。

◎ 晓事明理

卫宣公淫乱致祸

《左传·桓公十六年》记载，起初，卫宣公与父亲卫庄公的姬妾夷姜私通，生下了急子。急子长大后，卫宣公为他迎娶齐国的姜氏。但是，当卫宣公见到美丽的姜氏后，就自己娶了她，并生了公子寿和公子朔。多年后，为了争夺继承权，姜氏与公子朔谋划要杀了急子，并在急子出使的路上埋伏了刺客。然而，公子寿与急子关系很好，他灌醉急子，自己拿着使节上路，被刺客杀害了。急子酒醒后，追赶上去，也被刺客杀死了。

卫宣公先是与父亲的姬妾私通，后来又娶了自己的准儿媳，实在是国君淫乱的代表，称之为禽兽也不为过。中国古代的宫廷淫乱在《左传》中记载的就有很多，齐、楚、秦、晋诸国皆不能免。一些哲学家认为，人是理性的动物，毫无疑问，人是具备某些动物性的，例如饮食与性欲。但真正使人区别于动物的，是人有礼义文明。如果不讲礼义，人类不过是会说话的动物而已。因此，我们把礼作为人区别于禽兽的标志。

◎ 原　文

礼起于何也？曰：人生而有欲，欲而不得，则不能无求；求而无度量分界，则不能不争；争则乱，乱则穷。先王恶其乱也，故制礼义以分之，以养人之欲，给人之求，使欲必不穷乎物，物必不屈于欲，两者相持而长，是礼之所起也。

——《荀子·礼论篇》

◎ 大　意

礼起源于哪里呢？回答说：人类出生就有欲望，有欲望而不能满足，就不能不去追求；追求欲望而没有节制，就不能不发生纷争；纷争导致混乱，混乱后就走投无路。古代的圣王厌恶这种混乱的局面，所以制定了礼义来为人们设立分界，以便满足人的欲望，供应人的需求，使欲望的满足不会造成物质匮乏，物质的供应不会导致欲望无度，欲望与物质相互扶持，都能长久，这就是礼产生的原因。

◎ 晓事明理

仁孝之人葬其亲

《孟子·滕文公上》记载，上古的时候，有人不埋葬他死去的亲人，亲人去世之后，就随便把尸体扔到山沟里。有一天，这个人从亲人的尸体旁边经过，看到狐狸在吃他的肉，苍蝇在吸他的血，这个人的额头上出汗了，斜着眼不忍心看。他额头上出汗，不是怕其他人指责他，而是他的恻隐之心表现在脸上了。于是他回家拿上工具，去把亲人的尸体掩埋了。这就是仁孝之人为去世的亲人举行葬礼的原因。

在这个故事中，孟子从恻隐之心的角度分析葬礼产生的原因，与荀子有所区别。恻隐之心是内在的，埋葬亲人是由内而外的自发行为，与他人无关。而《荀子·礼论篇》从物欲关系的角度分析礼的起源，认为礼是由先王制定的，是一种设立分界、避免纷争的外在规范。那么，礼究竟是起源于人的内心，还是社会发展的外在需要呢？这一问题难下定论，留给读者见仁见智吧。

二

夫礼者，自卑而尊人

礼虽然只是一种外在的行为规范，但其本质却是诚敬仁德。《礼记》开头的"毋不敬"三个字，实可涵盖整部《礼记》的内容。下面从儒家经典中收集材料，分类归纳，看看关于礼的本质都有哪些说法。

◎ 原 文

1. 夫礼者，自卑而尊人。

——《礼记·曲礼上》

2. 礼者，敬而已矣。

——《孝经·广要道章》

3. 恭敬之心，礼也。

——《孟子·告子上》

4. 礼人不答，反其敬。

——《孟子·离娄上》

◎ 大 意

1. 所谓礼，就是谦卑自己，尊敬他人。
2. 礼，说的就是敬啊。
3. 有恭敬之心，这就是礼。
4. 向人行礼，人家却不回礼，要反省自己是否有恭敬之心。

◎ 晓事明理

程门立雪

《宋史·杨时传》记载，杨时四十岁时，他的老师程颢去世了，于是杨时和同学游酢一同来到洛阳，继续向程颢的弟弟程颐求学。有一天，杨时和游酢去拜见程颐，正好遇上程颐闭目养神，坐着休息。他们二人都恭敬地侍立在一旁，不敢打扰先生休息，也不离去。不知过了多久，天上飘起了雪花，等到程颐醒来，见到二人，门外的积雪已经一尺厚了。

程门立雪的故事家喻户晓，被称为尊师重道的典范。南宋理学家朱熹是杨时的三传弟子，他也继承了师门"敬"的传统，主张"小学习事，大学明理"。而"小学习事"的主要目的，就是培养"敬"的功夫。朱熹说："古者小学，教人以洒扫、应对、进退之节，爱亲、敬长、隆师、亲友之道，皆所以为修身、齐家、治国、平天下之本。"（《小学原序》）如果能够从小习礼，就能够"习与智长、化与心成"，习惯成自然，事事常恭敬。谦卑自己，尊敬他人，看似简单，实践起来却也很难。能够常怀恭敬之心，自谦而尊人，这才是真正懂礼。

◎ 原 文

1.子曰："人而不仁，如礼何？人而不仁，如乐何？"

——《论语·八佾》

2.子曰："礼云礼云，玉帛云乎哉？乐云乐云，钟鼓云乎哉？"

——《论语·阳货》

3.孝，礼之始也。

——《左传·文公二年》

◎ 大 意

1. 孔子说："作为人而内心没有仁德，礼有什么意义呢？作为人而内心没有仁德，乐有什么意义呢？"

2. 孔子说："礼啊礼啊，难道仅仅是指玉帛等礼物吗？乐啊乐啊，难道仅仅是指钟鼓等乐器吗？"

3. 孝，是礼的开端。

◎ 晓事明理

阮籍丧母吐血

《世说新语·任诞》记载，竹林七贤之一的阮籍，为母亲举办葬礼时，蒸了一只小肥猪，喝了二斗酒，然后向母亲的遗体告别。他才号哭了一声，就悲痛吐血，身体受到损伤，虚弱了好久。在为母亲服丧期间，他曾与晋文王一起喝酒吃肉。一名在座的官员向晋文王说："您是以孝来治理天下的，现在阮籍却在重丧期间饮酒食肉，应该把他流放到偏远地方，以便使风俗纯正。"晋文王说："阮籍因为居丧而忧劳成疾，你不和我一样担心他，还在这儿说什么呢？况且人有了疾病而饮酒吃肉，这本来就符合丧礼。"阮籍不管他们，依然吃喝不停，神色自若。表面上看，阮籍在重丧期间饮酒食肉，似乎不仁不孝。但从他为母亲举办葬礼时号哭吐血可知，他是一个纯孝之人。

真正的孝不在吃喝，而在内心，这与孔子所说的"礼云礼云，玉帛云乎哉"是一致的。礼以别异，乐以合同，虽然礼与乐的社会功能不同，但孔子认为它们的本质都是仁。《论语·学而》以孝悌为仁之本，《左传》以孝为礼之始，综合两者，孝实为仁、礼之关键。

◎ **原　文**

1. 忠信，礼之器也。卑让，礼之宗也。

——《左传·昭公二年》

2. 忠信，礼之本也。义理，礼之文也。

——《礼记·礼器》

3. 辞让之心，礼之端也。

——《孟子·公孙丑上》

4. 让，礼之主也。

——《左传·襄公十二年》

◎ **大　意**

1. 忠信，是礼的器皿。卑让，是礼的宗旨。
2. 忠信，是礼的根本。义理，是礼的文饰。
3. 辞让之心，是礼的开端。
4. 辞让，是礼的宗旨。

◎ **晓事明理**

孔融让梨与六尺巷

孔融，字文举，鲁国人，是孔子的二十世孙。孔融的高祖父孔尚是巨鹿太守，父亲孔宙是泰山都尉。《孔北海集·附录》记载，孔融四岁的时候，每次和哥哥一起吃梨，他总是拿小的。大家问他："你为什么只拿小的，不拿大的呢？"孔融回答说："我是小弟弟，按照礼法，就应该拿小的。"这里所谓的礼法，实际上就是辞让之礼。孟子说："孩提之童，无不知爱其亲者；及其长也，无不知敬其兄也。亲亲，仁也；敬长，义也。"（《孟子·尽心上》）孔融让梨的故事，不正是"敬长"的典范吗？

另一个与辞让之礼有关的故事，是清朝康熙年间发生在安徽省桐城市的六尺巷的故事。当时，张英在朝廷做大官，张家人在老家与邻居发生了占地纠纷。张英得知后，认为应当谦让邻里，给家里回信道："千里来书只为墙，让他三尺又何妨？万里长城今犹在，不见当年秦始皇。"张家人得信后，主动让出了三尺地，邻居深受感动，也让出了三尺地，这样就形成了一个六尺的巷子。孔融让梨的故事发生在家庭内部，六尺巷的故事发生在邻里之间，这就告诉我们，无论在家还是在外，只有先人后己，相互谦让，才是守礼的典范。

◎ 原 文

礼有三本：天地者，生之本也；先祖者，类之本也；君师者，治之本也。无天地，恶生？无先祖，恶出？无君师，恶治？三者偏亡焉，无安人。故礼上事天，下事地，尊先祖而隆君师，是礼之三本也。

——《荀子·礼论篇》

◎ 大 意

礼有三个本源：天地，是生命的本源；祖先，是种族的本源；君主，是治国的本源。没有天地，哪有生命？没有祖先，后代怎么出生？没有君主，怎么治国？这三个方面缺少一个，人们就不会安定。所以礼上事奉天，下事奉地，尊敬祖先而推崇君主，这是礼的三个根本。

◎ 晓事明理

大舜为父弃天下

《孟子·尽心上》记载，一次，孟子的学生桃应问道："舜是天子，皋陶是大法官，如果舜的父亲瞽瞍杀人了，该怎么办？"孟子说："那就逮捕他罢了。"桃应说："难道舜不阻止吗？"孟子说："舜怎么能阻止呢？这是皋陶的职责啊。"桃应问："那么舜应该怎么做呢？"孟子说："舜会像扔破鞋一样舍弃天下，偷偷带着父亲逃跑，靠着海边居住，终生都很快乐，完全忘记了天下。"孟子认为，舜会为了父子之亲而舍弃天下，这与孔子所说的"父为子隐，子为父隐"（《论语·子路》）是相通的。

中国古代社会流传的"天地君亲师"信仰，实际上来源于荀子。但荀子礼之三本的顺序是"天地祖君师"，先祖排在国君之前。郭店楚简《六德》篇说"为父绝君，不为君绝父"，也是更重视"亲"。在秦始皇之后的专制社会中，"君"的地位提高了，排到了"亲"的前面，这不符合原始儒家的本意。此外，后人推尊孔子为圣人，而圣人为万世帝王师，故"师"的地位也应该提高，这一信仰体系调整为"天地亲师君"或许更符合现在社会。

◎ 原 文

1. 林放问礼之本，子曰："大哉问！礼，与其奢也，宁俭；丧，与其易也，宁戚。"

——《论语·八佾》

2. 礼，时为大，顺次之，体次之，宜次之，称次之。

——《礼记·礼器》

◎ 大　意

1. 林放问礼的本质是什么，孔子说："这个问题意义重大啊！礼仪，与其奢侈铺张，宁可俭约朴素；丧礼，与其仪文周到，宁可悲哀过度。"

2. 礼仪，最重要的是符合天时，其次是各有顺序，其次是各有体别，其次是各当其宜，其次是各自称足。

◎ 晓事明理

尾生抱柱的故事

《庄子·盗跖篇》记载，尾生与一名女子约会，两人约定在桥下见面。尾生先到了，女子还没来，尾生便在桥下等候。过了一会儿，发大水了，水面越涨越高，但尾生坚决不肯离去。为了防止被水冲走，他紧紧抱着桥柱，等待着女子的到来。最后，尾生抱着柱子，被水淹死了。尾生虽然只是寓言中的人物，但世上的确有像尾生这样死守礼义、不知变通的人，他们绝非儒家的好学生，无怪乎受到道家学者的嘲笑了。

儒家礼仪繁多，有"经礼三百，曲礼三千"之说。司马迁的父亲司马谈在《论六家要旨》中批评儒家说："累世不能通其学，当年不能究其礼，故曰博而寡要，劳而少功。"但是通过孔子论礼之本，我们知道，孔子并不主张奢侈铺张、仪文烦琐，他提倡的是俭约朴素，更重视真情实感。"礼时为大"一节，更显示出儒家礼仪因时制宜、因地制宜的通达性。

三

道德仁义，非礼不成

　　春秋时期，郑国大夫子产说："夫礼，天之经也，地之义也，民之行也。"（《左传·昭公二十五年》）从天、地、民三个维度，总结了礼的功用。《孝经·广要道章》也说："安上治民，莫善于礼。"本节便通过《礼记》与《荀子》中的两段材料，来学习礼之功用。

◎ 原 文

　　夫礼者，所以定亲疏，决嫌疑，别同异，明是非也。……道德仁义，非礼不成。教训正俗，非礼不备。分争辨讼，非礼不决。君臣、上下、父子、兄弟，非礼不定。宦学事师，非礼不亲。班朝治军，莅官行法，非礼威严不行。祷祠祭祀，供给鬼神，非礼不诚不庄。是以君子恭敬、撙节、退让以明礼。

——《礼记·曲礼上》

◎ 大 意

　　礼义，是用来确定亲疏，决断嫌疑，分别同异，明辨是非的。……道德仁义，不靠礼不能成就。教化百姓，端正风俗，不靠礼不能完备。分别争端、诉讼，不靠礼不能裁决。君臣、上下、父子、兄弟，不靠礼不能确立尊卑。学习做官，侍奉老师，不靠礼不能亲近。治理百官、军队，执行朝廷法度，不靠礼不能树立威严。祈祷祭祀，供奉鬼神，不靠礼不能心灵诚敬。所以君子通过恭敬、节制、退让来彰显礼仪。

◎ 晓事明理

晏子谈礼明十义

《左传·昭公二十六年》记载，一次，齐景公与晏子坐在寝宫里，齐景公赞叹道："壮美的宫殿啊！谁配拥有它呢？"晏子说："请问您说的是什么意思？"齐景公说："我认为有德行的人将拥有它。"晏子说："如您所言，那将属于陈氏吧！陈氏虽然没有大的德行，却能够施惠于民。陈氏征税时就用小的量器，施舍时却用大的量器，民心就归向他了。您的子孙如果懈怠，陈氏又没被灭亡，那齐国就将是陈氏的了。"齐景公说："好啊！那该怎么办呢？"晏子说："只有礼可以阻止它。按照礼，家族的施舍不扩大到国家，百姓不迁徙，农民不改行，工商不变动，士人不失职，官吏不怠工，卿大夫不贪图公家的利益。"齐景公说："好啊！我是不能做到了。我从今往后知道礼可以用来治国了。"晏子说："礼可以用来治国，由来已久，礼与天地并行。君王发令而不违背礼，臣下恭敬而没有二心，父亲慈爱而能教导，儿子孝顺而能规劝，兄长仁爱而友善，弟弟恭敬而顺从，丈夫和蔼而公义，妻子温柔而正直，婆婆慈爱而听劝，媳妇顺从而委婉，这是礼的精华。"齐景公说："好啊！我从今往后知道了礼的崇高。"晏子说："礼是先王从天地中领受的，用它来服务人民，所以先王崇尚礼。"

◎ 原 文

天地以合，日月以明，四时以序，星辰以行，江河以流，万物以昌，好恶以节，喜怒以当。以为下则顺，以为上则明，万物变而不乱，贰之则丧也。礼岂不至矣哉！

——《荀子·礼论篇》

◎ 大 意

天地依照礼而结合，日月依照礼而光明，四时依照礼而有序，星辰依照礼而运行，江河依照礼而奔流，万物依照礼而昌盛，好恶依照礼而节制，喜怒依照礼而恰当。礼在下面就顺从，礼在上面就光明，万物变化而不混乱，违背了礼，秩序就丧失了。礼岂不是最伟大啊！

◎ 晓事明理

鲁国守礼保国家

《左传·闵公元年》记载，那年冬天，齐国大夫仲孙湫出使鲁国，探视鲁国内乱的情况。他回来后，向齐桓公汇报说："不除掉公子庆父，鲁国的祸乱不会停止。"齐桓公说："怎么能除掉他呢？"仲孙湫说："鲁国祸乱不已，公子庆父将自取灭亡，您等着看吧。"齐桓公说："我可以攻取鲁国吗？"仲孙湫说："不可以，鲁国仍然坚守着周礼。周礼，是立国的根本。我听说，一个国家将要灭亡，它的根本一定会先败坏，然后枝叶才会跟着衰败。鲁国没有舍弃周礼，不能攻取它。您不如致力于平息鲁国内乱，并亲近鲁国。亲近有礼的国家，依靠稳固的国家，离间涣散的国家，颠覆昏乱的国家，这是成为霸主的方法啊。"这个故事充分体现了礼的巨大作用，一个国家守礼，使别国不敢侵犯。同理，一个人守礼，也会赢得别人的尊敬。

四

人而无礼，胡不遄死

本节主要学习无礼的危害。无论是个人还是国家，无论是小人物还是大人物，如果无礼，都将遭受挫折甚至灭亡。

◎ 原　文

1. 相鼠有体，人而无礼。人而无礼，胡不遄死！

——《诗经·鄘风·相鼠》

2. 故人无礼则不生，事无礼则不成，国无礼则不宁，王无礼则死亡无日矣。《诗》曰："人而无礼，胡不遄死！"

——《韩诗外传》卷一

◎ 大　意

1. 看那老鼠还有肢体，身为人却不讲礼。既然做人不讲礼，何不快死莫迟疑！

2. 因此，人类不靠礼就不能生存，事情不靠礼就不能完成，国家不靠礼就不能安宁，君王不靠礼就离身死国亡不远了。《诗经》上说："身为人却没有礼义，为什么不快点死掉呢！"

◎ 晓事明理

鲁昭公有仪无礼

《左传·昭公五年》记载，一次，鲁昭公到晋国访问，从郊外迎接慰劳，到相互赠送礼物，鲁昭公都没有失礼的地方。晋国国君对女叔齐说："鲁昭公这不是很擅长礼吗？"女叔齐说："鲁昭公哪里知道什么礼！"晋君问道："为什么？从郊外迎接慰劳，到相互赠送礼物，他都没有失礼的地方，怎么会不知礼呢？"女叔齐说："这是仪，不能叫作礼。礼是用来守卫国家，施行政令，凝聚百姓的。如今鲁国的政令在三桓手中，鲁昭公不能掌控政权。鲁国有一个贤臣叫子家羁，鲁昭公不能任用他。违背与大国的盟约，残暴地欺凌小国。乘人之危，却不知道自己的危险。鲁国政权一分为四，百姓仰赖于三桓之家。民心所向不在国君，鲁昭公却不考虑后果。鲁昭公身为国君，危难将要降临到他身上了，他却不知道担忧他的地位。礼的根本和枝叶，都在上面这些事上，而鲁昭公却急于学习一些琐碎的仪式，说他善于礼，不是差得太远了吗？"这个故事提醒我们，要注意到礼与义的区别。鲁昭公看似有礼，实际不懂礼，他最后流亡异国，不能善终，值得我们反思。

◎ 原 文

1. 子曰："恭而无礼则劳，慎而无礼则葸，勇而无礼则乱，直而无礼则绞。君子笃于亲，则民兴于仁；故旧不遗，则民不偷。"

——《论语·泰伯》

2. 君子贵其身而后能及人，是以有礼。今夫子卑其大夫而贱其宗，是贱其身也，能有礼乎？无礼必亡。

——《左传·昭公二十五年》

◎ 大 意

1. 孔子说："外貌庄重，心却不敬，就会徒劳无功；小心谨慎，却不知礼，就会胆小怯懦；勇敢无畏，却不知礼，就会鲁莽乱撞；直率爽快，却不知礼，就会急切尖刻。君子敦厚地对待亲族，老百姓就会兴起仁德；君子不遗弃故交旧友，老百姓就不会冷漠无情。"

2. 君子首先珍视自身，然后才能推己及人，这样才产生礼。如今您既蔑视卿大夫，又轻视本宗族的人，这是轻贱自身啊，怎么会有礼呢？无礼必定会灭亡。

◎ 晓事明理

齐顷公无礼致祸

齐顷公六年春（前593年），晋、鲁、卫等国同时派了使者到齐国去。巧的是，晋国使者郤克是个驼背，鲁国使者臧孙许是个跛脚，而卫国使者瞎了一只眼。齐顷公为了逗他母亲开心，在迎接各国使臣时，故意安排驼背的引导驼背的、跛脚的引导跛脚的、独眼的引导独眼的，而齐顷公的母亲就躲在楼上的帷帐后观看，并且发出了笑声。各国使者非常尴尬，认为自己受到了奇耻大辱，愤然拂袖而去。晋国使者郤克返程时，在黄河边上说："河伯为证，我郤克不报此仇，誓不为人！"

四年后，齐国进攻鲁、卫两国，鲁、卫两国向晋国求救。晋国郤克主动请缨，率领大军援助鲁、卫，讨伐齐国。双方在今天的济南长清一带爆发了"鞌之战"，结果齐军大败，齐顷公也差点成为俘虏。可以说，这个结果是必然的。因为齐顷公为了一己私情，不顾国际礼法，羞辱他国使臣，在国际上处于孤立状态。一旦发生战争，各国纷纷落井下石，齐国怎么会不遭到失败呢？这就是"无礼必亡"的道理。

第二章

个人之礼

所谓个人之礼，是与下一章的人际之礼相对而言的，不论是否有外人在场，我们都需要个人之礼。古人讲究的慎独，就是一种个人之礼的高级境界。具体来说，个人之礼包括体貌之礼、举止之礼、衣冠之礼三类。

一

君子不重，则不威

体貌之礼是指体态容貌要端庄，所谓"业精于勤荒于嬉，行成于思毁于随"（韩愈），一个人如果日常嬉戏随意，是不可能成就什么德行功业的。

◎ **原　文**

1.君子不重，则不威。

——《论语·学而》

2. 致礼以治躬则庄敬，庄敬则严威。心中斯须不和不乐，而鄙诈之心入之矣。外貌斯须不庄不敬，而慢易之心入之矣。

——《礼记·乐记》，另见《祭义》

◎ **大　意**

1.君子如果不庄重，就没有威严。

2.致力于礼来修身，就会庄重恭敬，庄重恭敬了就会有威严。心中如果有片刻的不和平乐易，卑鄙狡诈之心就产生了。外貌如果有片刻的不庄重恭敬，怠慢轻忽之心就产生了。

◎ 晓事明理

赵盾威仪退刺客

《诗经·大雅·抑》曰："敬慎威仪，维民之则。"作为君子，就应该恭敬庄重而有威仪，只有这样才能成为民众的表率。不仅如此，时时保持恭敬忠信，有时候还能救命呢。《左传·宣公二年》记载，春秋时期，晋灵公残虐无道，滥杀无辜。晋国上卿赵盾多次向晋灵公进谏，晋灵公不但不听，还把赵盾当成了心腹大患，派出一名刺客暗杀他。天还没亮，这名刺客就埋伏到赵盾的家里。他远远地看到，赵盾的寝室门打开了，因为上朝的时辰还没有到，赵盾正恭敬地坐在那里，仪容庄重，凛然不可侵犯。刺客看到这一幕，退了出来，感叹地说："赵盾时时不忘恭敬，是人民的忠仆。我如果杀害人民的忠仆，是对国家不忠；如果违背晋公的命令，是对君主无信。人如果不忠或不信，还不如死呢。"于是头撞槐树自杀了。我们不知道刺客临终的话是怎样记录下来的，或许有目击者，或许只是史官的推测，但仅就此故事而言，赵盾的确是"威仪退刺客"。

◎ 原　文

体恭敬而心忠信，术礼义而情爱人，横行天下，虽困四夷，人莫不贵。劳苦之事则争先，饶乐之事则能让，端悫诚信，拘守而详，横行天下，虽困四夷，人莫不任。

——《荀子·修身篇》

◎ 大　意

体貌恭敬而内心忠信，遵守礼义而仁爱待人，走遍天下，即便穷困地住在边远地区，人们也都会尊敬他。劳苦的事情就抢着干，享乐的事情就让给人，为人端正诚实，遇事谨慎认真，走遍天下，即便穷困地住在边远地区，人们也都会信任他。

◎ 晓事明理

少女守礼得夸赞

《韩诗外传》卷一记载,有一次,孔子和弟子南游到了楚国,看到河边有一位少女佩带着玉佩,在洗衣服。孔子说:"那个女子能和她说话吗?"于是把水杯交给子贡,让子贡去试试少女的志趣。子贡过去说:"我是北方人,要到楚国去,现在天热口渴,想讨杯水喝,不知可以吗?"那少女说:"河里的水或清或浊,流到大海去,您想喝就喝,何必问我呢?"但还是顺流盛了一杯水,跪着放在沙滩上,说:"按照礼仪我不能亲手递给您。"子贡回去向孔子汇报,孔子又把琴给子贡,让他再去试探。子贡过去说:"刚才您的话非常美妙,我很高兴。这把琴音不太准了,我想请您帮我调一调。"少女说:"我只是乡下的粗俗之人,不懂音律,怎么会调琴呢?"子贡回去汇报,孔子又把几匹布交给他,让他再去,看那少女怎么说。子贡过去说:"我是北方的粗人,要到南方去,这里有几匹布,我不敢以为它配得上您,但愿把它放在水边。"少女说:"远行之客,背井离乡,分出财物,放在路边。我年纪很小,怎么敢接受您的礼物?您不如及早离去,以免别人把您当作狂人。"孔子听说后,称赞道:"《诗》曰:'南有乔木,不可休思。汉有游女,不可求思。'说的就是这样的人啊!"这位少女举止得体,风采优雅,千载之下,令人神往。

二

非礼勿视，非礼勿听

> 上一节学习了庄敬威严的静态礼仪，这一节学习言行动作方面的动态礼仪，这两者相近而有分别，前者是体貌之礼，后者是举止之礼。视、听、言、动，行、住、坐、卧，一举一动都有一定的礼仪规范。

◎ 原 文

颜渊问仁。子曰："克己复礼为仁。一日克己复礼，天下归仁焉。为仁由己，而由人乎哉？"颜渊曰："请问其目？"子曰："非礼勿视，非礼勿听，非礼勿言，非礼勿动。"颜渊曰："回虽不敏，请事斯语矣。"

——《论语·颜渊》

◎ 大 意

颜渊问仁是什么。孔子说："克制自己，恢复礼仪，这就是仁。一旦做到克己复礼了，天下人都会称赞你是仁人。实践仁德得靠自己，难道还能依靠别人吗？"颜渊说："请问具体的纲目是什么？"孔子说："不符合礼的不要看，不符合礼的不要听，不符合礼的不要说，不符合礼的不要做。"颜渊说："我虽然愚钝，也要践行这些话。"

◎ 晓事明理

鲁男子非礼勿动

《毛诗诂训传·巷伯传》记载，以前，有一个鲁国男子独居一室，邻家的寡妇也独居一室。一天夜里，起了暴风雨，妇人的屋子坏了，她急忙到男子那儿去避雨，男子却关着门不让她进去。妇人从窗户向男子说："你为什么不让我进去？"男子说："我听说，男女不到六十岁，不能随便共处一室。现在你还年轻，我也还年轻，所以不能让你进来。"妇人说："你怎么不学学柳下惠呢，他将寒冷的女子抱于怀中，为她取暖，人们称赞他坐怀不乱。"男子说："柳下惠可以，我不可以。我将用我的不可以，学习柳下惠的可以。"孔子说："想要学习柳下惠的，没有像这名男子学得这么好的。"这个故事中的男子是聪明人，他知道自己没有坐怀不乱的能力，便坚守"非礼勿动"的训条，可谓善学。

◎ 原 文

1. 立则磬折，拱则抱鼓，行步中规，折旋中矩。

——《韩诗外传》卷一

2. 君子之容舒迟，见所尊者齐遫。足容重，手容恭，目容端，口容止，声容静，头容直，气容肃，立容德，色容庄，坐如尸，燕居告温温。

——《礼记·玉藻》

◎ 大 意

1. 站立时像磬折一样微弯，作揖时像抱鼓一样浑圆，直行时要合乎法度，转弯时也要合乎法度。

2. 君子的仪容举止一般舒缓不迫，见到所尊敬的人就急速些。走路要稳重，双手要恭敬，目光要端正，口不能妄语，声不能吵闹，头不能倾斜，气息要平稳，站立要微俯，脸色要庄重，坐时要敬慎，平常在家要温和。

◎ 晓事明理

阙党童子不上进

俗话说："站有站相，坐有坐相。"上面这几则材料，把我们从头到脚的礼仪都给讲清楚了。行、住、坐、卧，皆有规范。这些礼仪对社会中的每一个人来说都很重要，如果做得好，就会给别人留下良好的印象；如果做得不好，别人就会轻视你，甚至否定你。《论语·宪问》记载，阙党地方的一个童子，来向孔子传达消息。那童子离开后，有人问孔子："这孩子是个追求上进的人吗？"孔子说："我看见他大模大样地坐在位子上，又看见他和年长的人并肩走路，他不是一个追求上进的人，而是一个追求速成的人。"你看，这名童子的坐与行，就导致了孔子对他的负面评价。这足以引起我们的警醒，在日常生活中，我们要时时留心，一言一行都要合乎礼仪。

三

衣服不贰，从容有常

衣冠之礼，是指与衣服、鞋子、帽子、佩饰等相关的礼仪。在儒家的礼仪系统中，衣履冠饰等礼仪是非常重要的。天子、诸侯、卿大夫、士，不同的等级有不同的衣冠；居家、上朝、祭祀、田猎，不同的场合有不同的衣冠。

◎ 原 文

子曰：长民者，衣服不贰，从容有常，以齐其民，则民德壹。《诗》云："彼都人士，狐裘黄黄。其容不改，出言有章。行归于周，万民所望。"

——《礼记·缁衣》

◎ 大 意

孔子说：为官的人，衣服不能参差不齐，举止要从容而有法度，以此来约束人民，人民的德行才能齐一。《诗经》说："那都城的美德君子，穿着漂亮的黄色狐裘。他的仪表从容有常，言语谈吐有法度。他回到了都城镐京，万民都仰望效法他。"

◎ 晓事明理

子路结缨遇难

在孔子众弟子中，子路以勇武鲁莽著称。孔子曾经称赞他："衣敝缊袍，与衣狐貉者立而不耻者，其由也与？"（《论语·子罕》）单看这一句，似乎子路不在乎衣着，但其实他很重视衣冠之礼。《史记·仲尼弟子列传》记载，卫出公十二年（前481年），卫国发生了内乱，蒉聩、孔悝合谋作乱，赶走了当时的国君卫出公。子路是孔悝的邑宰，当时他正在外地，一听说这件事，就急忙往回赶。到了城门口，有人劝他说："国君出逃了，现在城中非常危险，你不要进去了，免得白白遭受灾祸。"子路说："领着国君的俸禄，不能有难就躲避。"进城以后，子路找到了蒉聩和孔悝，他想要杀了孔悝，蒉聩派人围攻子路。子路寡不敌众，被敌人的武士击中，帽子上的缨带也被割断了。子路知道自己难逃一死，便说道："君子即便死，也不能让帽子脱落而失礼。"于是他从容地系好帽子，死掉了。子路这种临危不惧、重视礼义的精神，令人动容。

◎ 原 文

羔裘逍遥，狐裘以朝。岂不尔思？劳心忉忉。
羔裘翱翔，狐裘在堂。岂不尔思？我心忧伤。

——《诗经·桧风·羔裘》

◎ 大 意

穿着羔裘多逍遥，穿着狐裘去朝堂。岂不思念你？忧劳又心伤。

穿着羔裘多自在，穿着狐裘去公堂。岂不思念你？我心多忧伤。

◎ 晓事明理

马棚修容的故事

《羔裘》一诗，传统经学解释为"大夫以道去其君"，因为国君喜欢华丽的衣服，在家闲居时穿着上朝的衣服，上朝的时候穿着祭服或朝见天子时的礼服，总之是乱了礼制，而不能自强于政治，所以这位官员离开了。国君不按礼制穿衣服，大臣就辞职离去，这在今天看来或许不能理解，但对古人来说，衣冠之礼就是这么重要。

《礼记·檀弓下》就记载了一个"曾子、子贡马棚修容"的故事，证明衣冠之礼的重要性。当时，季孙氏的母亲去世了，鲁哀公正在吊唁。曾子和子贡也前往吊唁，看门的人觉得国君在里面，不能随便放人进去，便拦下了他们。于是曾子和子贡退下来，到马棚里整理衣冠、修饰仪容，然后再次来到大门前。子贡走在前面，那看门人见子贡容饰严整，心生敬畏，赶忙对他说："我刚才已经为您通报过了，快请进吧！"曾子走在后面，仪容更加端庄，那看门人越发的敬畏，躬身站在一旁，请曾子进门。看到两人进来，内厅的卿大夫们都站了起来。鲁哀公见了，也向下走了一个台阶，向他们作揖。这个故事充分说明，一个人只要尽心合礼地修饰仪容，就可以赢得人们的敬重，可以行之久远。

第三章

人际之礼

　　人际之礼，顾名思义，就是人际交往中适用的礼仪，也可以叫作社交礼仪。人与人的交流，不外乎口头语言、书面语言、肢体语言三种形式，每种形式都有相应的礼仪规范。

一

温文尔雅，称谓之礼

称谓主要有尊称和谦称，尊称是称呼别人，谦称是称呼自己。古代的尊称有"子、公、君、卿、尊、贤、令、仁"等，谦称有"仆、愚、贱、家"等。现代一般用"您"来表示尊敬，称男性为"先生"，女性为"女士"。儒家讲究尊卑有序，因此各种称谓制定的很详细。下面借《尔雅·释亲》一篇，学习一些亲属称谓。

◎ 原 文

父为考，母为妣。

父之考，为王父；父之妣，为王母。

父之昆弟，先生为世父，后生为叔父。

父之兄妻，为世母；父之弟妻，为叔母。

父之姊妹为姑。

——宗族《尔雅·释亲》

母之考，为外王父；母之妣，为外王母。

母之昆弟，为舅；母之姊妹，为从母。

——母党《尔雅·释亲》

妻之父，为外舅；妻之母，为外姑。

妻之昆弟为甥。妻之姊妹同出为姨。

——妻党《尔雅·释亲》

妇之父母、婿之父母，相谓为婚姻。

谓我舅者，吾谓之甥也。

——婚姻《尔雅·释亲》

◎ 大 意

父亲称为考，母亲称为妣。

父亲的父亲，是祖父；父亲的母亲，是祖母。

父亲的兄弟，哥哥是伯父，弟弟是叔父。

伯父的妻子，是伯母；叔父的妻子，是叔母。

父亲的姐妹，是姑母。

——父系亲属

母亲的父亲，是外祖父；母亲的母亲，是外祖母。

母亲的兄弟，是舅舅；母亲的姐妹，是姨母。

——母系亲属

妻子的父亲，是岳父；妻子的母亲，是岳母。

妻子的兄弟，哥哥是大舅子，弟弟是小舅子。

妻子的姐妹，姐姐是大姨子，妹妹是小姨子。

——妻系亲属

儿媳的父母、女婿的父母，与我互称为亲家。

叫我舅舅的，我叫他外甥。

——姻系亲属

◎ 晓事明理

钟会机智护家讳

古代有一种社交禁忌，即"犯人家讳"，就是在交流中没有避讳对方家族长辈的名字，这被认为是一种大不敬。《世说新语·排调》记载，一次，晋文帝司马昭与陈骞、陈泰共乘一辆车，去叫钟会跟他们同行，未等钟会出来，他们就驾车先走了。等到钟会出来，他们已经走远了。钟会赶上来之后，晋文帝就嘲笑他说："与人约好一起出行，为什么这么慢？看着你遥遥不至。"钟会回答说："矫然懿实，何必同群？"晋文帝又问钟会："皋繇是什么样的人物？"钟会说："上比不上尧和舜，下比不上周公和孔子，但也是一时之懿士。"要读懂这则故事，首先要清楚，钟会的父亲叫钟繇（音"遥"），晋文帝的父亲叫司马懿，陈骞的父亲叫陈矫，陈泰的父亲叫陈群、祖父叫陈寔（音"实"）。这样就明白了，"遥遥""皋繇"都犯了钟会的家讳，而"矫然懿实，何必同群"八个字就犯了三个人的家讳，"懿实"也犯了司马氏的家讳，钟会的回敬可谓机智。

一个人在社会上，当然不只有亲属关系，无论是在官场、商场，还是在学校，都有不同的社交称谓。除此之外，还有书信礼仪。古人写信，开头常用"尊鉴""台鉴"等提称语，结尾常用"敬颂""时祺"等祝愿词。现代社会，微信、微博、电子邮箱等，极大地改变了人们的通信方式。但是，我们在日常交流中，特别是在与长辈、老师、领导等的交流中，还是应该注意礼仪问题。

二

来而不往，非礼也

　　人们见面时，为了表示尊敬和欢迎，会有一些见面礼仪。尤其是双方初次见面，其礼仪更是重要。古代尊卑秩序较严，不同等级的人相见，有不同的礼仪，所持的礼物也不相同。古人云："某不以贽，不敢见。"（《仪礼·士相见礼》）也就是说，不拿礼物，不敢相见，足见古人对相见之礼的重视。

◎ **原　文**

1. 太上贵德。其次务施报。礼尚往来，往而不来，非礼也；来而不往，亦非礼也。

——《礼记·曲礼上》

2. 大夫、士相见，虽贵贱不敌，主人敬客，则先拜客；客敬主人，则先拜主人。

——《礼记·曲礼下》

◎ **大　意**

1. 三皇五帝的时候，人民重德尚施，不求回报。到了夏商周三王之世，人民施与了，就期望回报。礼崇尚有来有往，如果我去行礼而对方不来回礼，这不符合礼仪；如果对方来行礼而我不去回礼，也不符合礼仪。

2. 大夫、士相见的时候，虽然主客之间地位不对等，但如果主人尊敬客人，那就先拜客人；如果客人尊敬主人，那就先拜主人。

◎ 晓事明理

阳货假礼激孔子

《礼记》所描绘的"太上贵德"之世，可能只是美好的想象，施与而不望回报，这是许多宗教徒恪守的教导，如佛教"六波罗蜜"的第一条就是布施，基督教《新约》也教导人"施比受更为有福"。相比之下，儒家所提倡的"礼尚往来"可能更符合普罗大众的心理需求。

春秋时期，仁季孙氏把持着鲁国的朝政，而阳货作为季氏家臣，又控制着仁季孙氏。《论语·阳货》记载，阳货想让孔子来拜见他，孔子不去，他便送了一只蒸乳猪给孔子。按照当时的礼仪，孔子需要上门拜谢。但孔子不想见他，便趁阳货不在家的时候去登门拜谢，却在路上遇见了阳货。阳货对孔子说："来！我跟你说。"（孔子过来后）他说："怀有一身好本领，却任由国家昏乱，可以叫作仁爱吗？"（孔子不吭）他说："不可以！——如果喜欢从政，却屡屡错失机会，可以叫作智慧吗？"（孔子不吭）他说："不可以！——日子一去不复返啊，时间是不等人的！"孔子说："嗯，我将要从政了。"在这个故事中，孔子明明不愿意见阳货，却还是碍于礼节，要上门去拜谢，可见礼仪对人的约束力。不过需要指出的是，孔子于阳货当权之时，并未仕于阳货。

◎ 原　文

1. 士相见之礼，贽，冬用雉，夏用腒。
2. 下大夫相见，以雁，饰之以布，维之以索，如执雉。
3. 上大夫相见，以羔，饰之以布，四维之，结于面。

——《仪礼·士相见礼》

◎ 大　意

1. 士相见的礼仪，冬天用野鸡作礼物，夏天用鸟肉干作礼物。
2. 下大夫相见的礼仪，用大雁作礼物，用布包着它，用绳子系着两条腿，和拿野鸡的时候一样。
3. 上大夫相见的礼仪，用羔羊作礼物，用布包着它，用绳子系着四条腿，在前面打个结。

◎ 晓事明理

孟子论问学五礼

《孟子·尽心上》记载，滕国国君的弟弟滕更，曾经来向孟子请教，孟子却没有给他回礼。孟子的弟子公都子问道："滕更来您门下问学的时候，您似乎应该向他答礼，却没有答礼，为什么呢？"孟子说："仗着权势来问学，仗着才能来问学，仗着年长来问学，仗着有功劳来问学，仗着与老师有故交来问学，都不给他们答礼。滕更占了两条。"在孟子看来，凡是倚仗权势、才能、年长、功劳、故交等来问学的，求学之心都不诚，而滕更倚仗自己的权势、才能来问学，所以孟子不给他答礼。

古人相见还有一些肢体礼仪，如跪拜、拱手、作揖、鞠躬、万福等。作揖是男子抱拳拱手的礼仪，左手抱右手为吉拜，右手抱左手为丧拜。女子相见行礼，口称"万福"，右手抱左手在胸前右下侧上下移动，同时略作鞠躬状。在现代社会，相见礼仪更多是握手和交换名片，握手时要热情自然，手位适当，交换名片时要恭敬有礼，不可随便。

三

我有嘉宾，鼓瑟鼓琴

宴饮之礼，就是人们聚会饮食之礼，无论是公务宴会，还是亲友私宴，都有一定的礼仪规范。古人非常重视宴饮之礼，《仪礼》《礼记》中都有关于燕礼和乡饮酒礼的专篇。燕礼即宴礼，是古代上层贵族为联络上下级感情而举行的宴会。乡饮酒礼是古代地方上为尊老敬贤而举行的宴会，它的适用范围更广。

◎ 原　文

1. 乡饮酒之礼，所以明长幼之序也。……乡饮酒之礼废，则长幼之序失，而争斗之狱繁矣。

——《礼记·经解》

2. 共食不饱，共饭不泽手。毋抟饭，毋放饭，毋流歠，毋咤食，毋啮骨，毋反鱼肉，毋投与狗骨，毋固获，毋扬饭，饭黍毋以箸，毋嚃羹，毋絮羹，毋刺齿，毋歠醢。

——《礼记·曲礼上》

◎ 大　意

1. 乡饮酒的礼义，是用来彰显长幼之间的秩序的。……如果乡饮酒礼废弃了，那么长幼之间的秩序就乱了，而相互争斗打官司的案件就多了。

2. 与主人一起吃饭，不能吃太饱（显得贪多、不谦让）。在同一个食器里用手取饭，不能临吃饭了才搓手。不能把饭捏成团，手上粘的饭不能再放回食器中，嘴里不能流出汤汁，口中不能发出声响，不能大声啃骨头，吃剩的鱼肉不能再放回食器中，不能把骨头扔给狗（显得轻视食物），不能独占食器或争抢食物，不能扬饭去热气（显得心急），吃黍米不能用筷子，不能不咀嚼就咽下去，不能在食器中加调味料（显得不合口味），不能用尖物剔牙，不能大口喝肉酱（显得肉酱太淡、主人招待不周）。

◎ 晓事明理

醉刘伶唯酒是务

魏晋时期，"竹林七贤"之一的刘伶非常爱酒，他曾经作了一篇《酒德颂》，来赞美"唯酒是务"的"大人先生"。《世说新语·任诞》记载，一次，刘伶因为喝酒过量，生病了。但他还是很想喝，便向老婆讨酒。刘夫人把酒倒掉，把酒壶酒杯毁掉，哭着劝他说："您饮酒太过量了，这不是养生之道，必须要戒酒。"刘伶说："你说得很好，但是我自制力差，只有向鬼神祈祷发誓才能戒掉它。你可以准备酒肉，以便祭祀鬼神。"刘夫人说："请按你的话办吧。"于是在神位前供奉了酒肉，让刘伶祈祷发誓。刘伶跪下来祈祷说："天生我刘伶，喝酒有盛名。一次喝十斗，五斗不解饮。妇人说的话，千万不能听！"说完就喝酒吃肉，不一会儿就醉醺醺了。

其实儒家并不反对喝酒。《诗经》说"厌厌夜饮，不醉无归"（《小雅·湛露》），又说"既醉以酒，既饱以德"（《大雅·既醉》），都很重视酒的社交功能，甚至把"醉酒""饱德"联系起来了。《论语》中谈到酒，说"唯酒无量，不及乱"

（《乡党》），又说"不为酒困"（《子罕》），只要不为酒所困，孔子是不反对喝酒的。这个故事中的刘伶，为了喝酒无所不用其极，如果按照儒家的标准，刘伶不过是个酒鬼罢了，但在仰慕魏晋风流的后人心中，这个酒鬼却有着冲破礼教、追求自由的精神力量。

◎ 原　文

呦呦鹿鸣，食野之芩。我有嘉宾，鼓瑟鼓琴。

鼓瑟鼓琴，和乐且湛。我有旨酒，以燕乐嘉宾之心。

——《诗经·小雅·鹿鸣》

◎ 大　意

鹿儿呦呦鸣不停，成群吃芩在野外。我有满座好宾客，既鼓瑟来又弹琴。

既鼓瑟来又弹琴，和睦欢乐人欢喜。我有陈年醇美酒，宴请嘉宾心欢欣。

◎ 晓事明理

周公《酒诰》传千古

宴会饮酒固然可以增进感情，但对于统治者来说，一味沉溺饮酒，就会有亡国之患。在酒池肉林中醉生梦死的商纣王，最终被周取代，这就是历史留下的教训。商朝灭亡之后，周公的弟弟卫康叔被封在卫国，周公担心卫康叔年纪小，就作了《酒诰》来教导他，周公说："祭祀时才能饮酒。老百姓叛乱失德，都是因为酗酒；诸侯们国破家亡，也是因为酗酒。"他又引用文王的话说："不要经常饮酒。只有在祭祀的时候才能饮酒，还要以道德约束，不可以喝醉。"周公并不绝对禁止饮酒，他认为，在孝养父母的时候，可以饮酒；在向老人与国君进献美食时，可以酒足饭饱。周公列举商代早期的贤明君王，他们都不敢自我放纵，不敢沉湎于酒，而后来的昏庸商王，却都荒淫无度，沉湎于酒。周公《酒诰》可谓中国最早的"限酒令"，我们应当引以为戒。

在现代社会，无论是节日庆典，还是结婚、生日庆典，宴饮都是其中的重要环节。在宴席上，座次很重要，贵宾都要坐在尊位。有些地方对于主陪、副陪、主宾、副宾等的位子规定得很详细，参加宴会时，卑幼者切不可贸然上坐，要等尊长者入座后，才能入座。总之，一切礼仪以敬为本，若能时时保持恭敬之心，"虽曰未学，吾必谓之学矣"（《论语·学而》）。

第四章

人生之礼

　　所谓人生之礼，是指从出生到死亡，贯穿我们一生的各种礼仪，如诞辰礼、成人礼、婚礼、丧礼、祭礼等。至于各种节日，它们承载着人生的悲欢离合，所以附在人生之礼后边。

一

乃生男子，载寝之床

　　诞辰礼即诞生之礼，是指小孩子出生之后举行的一系列礼仪，如洗三朝、满月礼、百日礼、周岁礼等。在诞辰礼和成人礼之间还有一些过渡性的礼仪，如命名礼、童蒙礼等。

◎ 原　文

　　乃生男子，载寝之床，载衣之裳，载弄之璋。其泣喤喤，朱芾斯皇，室家君王。

　　乃生女子，载寝之地，载衣之裼，载弄之瓦。无非无仪，唯酒食是议，无父母诒罹。

——《诗经·小雅·斯干》

◎ 大　意

　　如果生下男孩子，就让他睡在床上，让他穿上衣裳，让他玩弄玉璋。他哭声洪亮，将来会穿锦绣衣，成为周家好君王。如果生下女孩子，就让她睡在地上，把她裹在包被里，让她玩弄纺线锤。将来顺从而不多嘴，一心操持酒食之事，不要给父母带来忧愁。

◎ 晓事明理

贾宝玉周岁抓周

《红楼梦》第二回记载，贾宝玉周岁时，父亲贾政要测试他将来的志向，就把世上物品摆了无数，让他抓取。谁知宝玉伸手只把些脂粉钗环抓来，其他物品一概不取。贾政大怒，说："将来不过是酒色之徒！"宝玉长到七八岁时，虽然淘气异常，但其聪明乖觉之处，一百个都不及他一个。宝玉说起孩子话来也奇怪，他说："女儿是水做的骨肉，男人是泥做的骨肉。我见了女儿，我便清爽，见了男子，便觉浊臭逼人。"时人都觉得好笑，认为他将来是色鬼无疑了！

古代小孩子出生之后，一般在第三天给他洗澡，称作"洗三朝"，寓意是除秽消灾。出生一个月之后，要举行满月礼，给小孩剃满月头，寓意是聪明安康。接着是百日礼，小孩子要穿百家衣，戴长命锁，寓意是长寿吉祥。《红楼梦》中所描述的，是周岁礼中的"抓周"仪式，即把各种玩具、饮食、纸笔、针线等摆在小孩子面前，看他抓取什么，以此来预测其志向爱好。在今天看来，这种测试肯定不靠谱，但也反映出父母对儿女未来的殷切期待。

◎ 原　文

父执子之右手，咳而名之。妻对曰："记有成。"遂左还授师。子师辩告诸妇诸母名，妻遂适寝。夫告宰名，宰辩告诸男名。书曰某年某月某日生而藏之。宰告闾史，闾史书为二，其一藏诸闾府，其一献诸州史。州史献诸州伯，州伯命藏诸州府。

——《礼记·内则》

◎ 大　意

父亲拉起孩子的右手，孩子笑了，就给他命名。妻子对丈夫说："记下夫君的话，使他有成就。"于是向左转身，把孩子交给老师。老师负责将孩子的名普遍告知族中女性长辈，妻子就回寝室了。丈夫把孩子的名告诉管家，管家普遍告知族中男性长辈。写上某年某月某日出生，然后保存起来。管家告诉闾长，闾长书写两份，其中一份保存在闾府，另一份上交给州里的文书。文书把它交给州长，州长下令把它保存在州府。

◎ 晓事明理

鲁桓公为子命名

《左传》记载，鲁桓公六年（前706年）九月，他的儿子出生了，鲁桓公向申繻请教如何命名。申繻回答说："取名有信、义、象、假、类五种方式，用出生时的情形来命名是信，用美好的字眼来命名是义，用类似的事物来命名是象，借用物的名称来命名是假，用和父亲有关的字来命名是类。命名不能用国家、官职、山川、疾病、牲畜和器物礼品等字眼。周朝人侍奉鬼神，讲究避讳，人死之后，名就要避讳。所以用国家命名就会废除国名，用官职命名就会废除官职，用山川命名就会废除神主，用牲畜命名就会废除祭祀，用器物礼品命名就会废除礼仪。晋国因为僖公而废除了司徒之官，宋国因为武公而废除了司空之官，我国因为献公、武公而废除了二山神主，所以大的事物不可以用来命名。"鲁桓公说："这孩子的出生，与我在同一天，命名为同吧。"

这个故事讲的是为国君的公子命名，所以有这么多的讲究，普通人命名当然不用这么复杂了。在古代，人一生中有许多称呼，《礼记·檀弓上》说："幼名，冠字，五十以伯仲，死谥。"即小时候称名，成人后称字，五十岁以后称伯仲，死后称谥号。古代文人一般还有雅号，如李白号"青莲居士"，苏轼号"东坡居士"。江湖人物有绰号，如"及时雨"宋江。古代儿童入学第一天，还要举行童蒙礼，跪拜孔圣人和私塾老师。

二

取妻如之何？必告父母

古代男女青年成年的时候，要举行成人礼，男子叫冠礼，女子叫笄礼。成人礼象征着男女青年开始享有成人的权利，能够参加成人的社交活动，最重要的是，可以谈婚论嫁了。本节的内容就是冠婚之礼。

◎ **原　文**

1. 男子二十，冠而字。父前，子名；君前，臣名。女子许嫁，笄而字。

——《礼记·曲礼上》

2. 二十而冠，始学礼，可以衣裘帛，舞大夏，惇行孝弟，博学不教，内而不出。三十而有室，始理男事，博学无方，孙友视志。……十有五年而笄，二十而嫁，有故，二十三年而嫁。

——《礼记·内则》

◎ **大　意**

1. 男子二十岁，举行冠礼，另起表字。在父亲面前，儿子称名；在国君面前，大臣称名。女子许嫁之后，举行笄礼，另起表字。

2. 男子二十岁举行冠礼，开始学习成人礼仪，此后可以穿

皮衣丝绸，演习大夏之舞，要笃行孝悌之道，广博学问而不好
为人师，德行含蓄而不为人出谋划策。三十岁有了妻子，开始
从事耕种，供给征役，博学而不固执，谦逊地对待朋友，察看
他们的志向。女子十五岁举行笄礼，二十岁嫁人，如果遭受变
故，可以延迟到二十三岁嫁人。

◎ 晓事明理

赵氏孤儿行冠礼

民间流传甚广的"赵氏孤儿"，姓赵，名武，谥号"文"，
史称赵文子。《国语·晋语六》记载，赵武举行完冠礼之后，分
别拜见了栾武子、中行宣子、范文子、郤驹伯、韩献子、智武
子、郤犫、郤至等晋国八卿，他们分别对赵武讲了一番话。赵
武见到了张老，把这些话告诉他，张老说："好啊，你听从栾伯
的话，可以逐渐成长；听从范叔的教诲，可以发展壮大；听从
韩子的告诫，可以成就功业。条件都具备了，志向如何在你自
己。至于三郤的话，使人丧气，有什么值得称道的呢？智武子
说得好啊，是先人护佑着你呀！"

从这个故事中，我们能看到古人对冠礼的重视。男子冠
礼之后，可以服兵役、参加祭祀、结婚。女子的笄礼又称上头
礼，改变少女发型，绾出发髻，用簪插定，象征女子成年，可
以嫁人。古人成人礼之后，会另起一个"字"，一般是表示德
行之义，所以也叫表字。称呼别人的字，是为了表示尊敬。但
是在父亲和国君面前，要称呼名而不称呼字，这是显示对父亲
和国君的敬重。

◎ 原 文

1.取妻如之何？必告父母。

取妻如之何？匪媒不得。

——《诗经·齐风·南山》

2. 昏礼者，将合二姓之好，上以事宗庙，而下以继后世也，故君子重之。是以昏礼纳采、问名、纳吉、纳征、请期，皆主人筵几于庙，而拜迎于门外，入，揖让而升，听命于庙，所以敬慎重正昏礼也。

——《礼记·昏义》

◎ 大　意

1. 娶妻怎么办呢？必须告诉父母。娶妻怎么办呢？没有媒人不行。

2. 婚礼，将要使男女两家结成姻亲，上能侍奉祖庙，下能传宗接代，所以君子非常重视婚礼。因此婚礼程序如纳采、问名、纳吉、纳征、请期等，女方父母都要在祖庙陈设筵几，在庙门外拜见迎接男方使者，进去后，相互作揖然后登堂，在庙里听取男家的话，以此来恭敬慎重地对待婚礼。

◎ 晓事明理

昭君与文成公主

古人结婚重视"父母之命、媒妁之言"，结婚的流程共有六项，称作"六礼"，分别是纳采、问名、纳吉、纳征、请期、亲迎。婚礼不仅可以结两家之好，而且可以加强民族团结，促进文化交流。早在春秋战国时期，各诸侯国之间就有婚姻往来，但还不是严格意义上的和亲。从汉代直到清代，中原王朝和周边少数民族的和亲不下百起，其中最著名的是昭君出塞和文成公主进藏。

西汉元帝时期，汉朝国力强盛，匈奴经过汉朝连番打击早已元气大损。而南匈奴的呼韩邪单于，早在汉宣帝时期就已经归降。呼韩邪单于曾三次入长安朝觐大汉天子，以尽藩臣之礼。第三次入京朝贡时，汉元帝以宫人王嫱（昭君）赐呼韩邪单于为阏氏。昭君出塞，是汉元帝实行民族和睦政策的具体表现。文成公主是唐朝宗室女，贞观十四年（640年），唐太宗封其为文成公主。次年，文成公主远嫁吐蕃，成为吐蕃赞普松赞干布的王妃。文成公主入藏，带去了中原的特产、技艺，促进了民族间的文化交流。唐蕃自此结为姻亲之好，两百年间，凡新赞普即位，必请唐天子册命。

三

祭者，志意思慕之情也

儒家非常重视丧祭之礼，甚至有学者认为，儒家起源于殷周时期治丧相礼的职业。曾子曰："慎终追远，民德归厚矣。"（《论语·学而》）慎终，即谨慎对待死亡；追远，即追念远代祖先。前者是丧葬之礼，后者是祭祀之礼。

◎ 原 文

1. 祭者，志意思慕之情也，忠信爱敬之至矣，礼节文貌之盛矣。苟非圣人，莫之能知也。圣人明知之，士君子安行之，官人以为守，百姓以成俗。其在君子，以为人道也；其在百姓，以为鬼事也。

——《荀子·礼论篇》

2. 祭者，所以追养继孝也。孝者畜也，顺于道不逆于伦，是之谓畜。是故，孝子之事亲也，有三道焉：生则养，没则丧，丧毕则祭。养则观其顺也，丧则观其哀也，祭则观其敬而时也。尽此三道者，孝子之行也。

——《礼记·祭统》

◎ 大 意

1. 祭祀，是表达思念之情的，内心的忠信爱敬达到极点，外在的礼仪文饰非常盛大。如果不是圣人，没有人能知道祭祀的真谛。圣人明确地知道它，士君子安然地举行它，官员把它当作职守，百姓把它当作风俗。在君子看来，祭祀是人道之事；在百姓看来，祭祀是鬼神之事。

2. 祭祀，是为了继尽孝养之情。孝就是顺，顺从天道而不违背人伦，这就是顺。因此，孝子侍奉父母，有三个方面：父母在世时就孝敬，去世了就举办丧礼，丧礼完毕了就祭祀。孝敬能考察他是否顺从，丧礼能考察他是否哀痛，祭祀能考察他是否时时恭敬。做好这三个方面，就是孝子的德行。

◎ 晓事明理

宋襄公以人献祭

《左传·僖公十九年》夏，春秋五霸之一的宋襄公，让邾文公把鄫国国君作为人牲，来祭祀睢水之神，想以此立威，使东方部落归顺自己。司马子鱼劝阻道："古代祭祀时，该用什么牲畜作祭品就用什么牲畜，不能用别的牲畜代替。小的祭祀活动，都不能用大的牲畜作祭品，何况是用人作祭品呢？祭祀的目的是为了人，人民是神意的主宰，如果用人来献祭，谁来享用呢？齐桓公存亡继绝，救危扶困，恢复了三个国家，以求诸侯归顺，正义之士仍然批评他德行浅薄。如今您召开了一次盟会，就虐待了两个国家的君主。而且您祭祀的是睢水妖神，想以此求得霸主之位，岂不是太难了吗？恐怕您以后很难有善终啊。"

在这个故事中，司马子鱼发表了"民，神之主也"的著名论断，认为人民是神意的主宰。这就树立了一种以人为本的观念，既然祭祀是为人服务的，那就绝不能以人为祭物。在儒家看来，不仅不能以人作祭物，连人形的祭物也不能用。孔子说："始作俑者，其无后乎？"（《孟子·梁惠王上》）就是反对以人形俑来殉葬。今天大家津津乐道的秦始皇陵兵马俑，大大违背了儒家的教义。

◎ 原 文

1. 故丧礼者，无他焉，明死生之义，送以哀敬而终周藏也。故葬埋，敬藏其形也；祭祀，敬事其神也；其铭诔系世，敬传其名也。事生，饰始也；送死，饰终也。终始具而孝子之事毕，圣人之道备矣。

——《荀子·礼论篇》

2. 三年之丧何也？曰：称情而立文，因以饰群别，亲疏贵贱之节而不可益损也，故曰无适不易之术也。创巨者其日久，痛甚者其愈迟。三年之丧，称情而立文，所以为至痛极也；齐衰、苴杖、居庐、食粥、席薪、枕块，所以为至痛饰也。

——《荀子·礼论篇》

◎ 大 意

1. 因此所谓丧礼，没有别的意思，只是阐明死生的意义，用哀敬来送别死者，最终周密地埋藏起来罢了。所以，埋葬是为了恭敬地埋藏死者的形体，祭祀是为了恭敬地侍奉死者的神主，至于为死者刻铭文、定谥号、书写世系，是为了恭敬地流传死者的名声。侍奉生者，是人活着时得到侍奉；敬送死者，是人去世时给予尊荣。侍生侍死都很周到，孝子的义务就尽到了，圣人之道就完备了。

2. 三年之丧是什么呢？回答说：合乎人情而制定礼仪，然后用它来区别人群，使亲疏贵贱的礼节不能增加或减损，所以说它是普遍适用而不可改变的方法。创伤巨大、疼痛厉害的，需要长时间才能痊愈。三年之丧，合乎人情而制定礼仪，是用来缓解极端痛苦的；穿丧服、持竹杖、居丧庐、食米粥、睡草席、枕土块，是用来表现极端痛苦的。

◎ 晓事明理

宰我问三年之丧

《论语·阳货》记载，有一次，孔子的弟子宰我问道："为父母守孝三年，也太久了。如果君子三年不习礼仪，礼仪必然废弃；三年不奏音乐，音乐必然生疏。去年的陈谷吃完了，今年的新谷又收了，打火用的木头已经轮换了一遍，守孝一年也就够了。"孔子说："吃白米，穿丝绸，你心安吗？"宰我说："心安。"孔子说："你心安就这样做吧。君子守孝的时候，吃美味不觉得甜，听音乐不觉得快乐，住在家里不觉得舒服，所以才不这样做。既然你觉得心安，就这样做吧。"宰我出去以后，孔子说："宰我真是不仁啊！孩子出生三年，然后才能脱离父母的怀抱。守孝三年，是天下普遍实行的丧礼啊。宰我难道没有从父母那里得到三年怀抱的爱护吗？"

儒家最重视孝道，所谓孝，孔子认为就是"生，事之以礼；死，葬之以礼，祭之以礼"（《论语·为政》）。因此，在儒家看来，孝不仅仅是父母在世时的侍奉，还包括父母去世之后的丧葬、祭祀之礼。所谓"事死如事生，事亡如事存，孝之至也"（《礼记·中庸》），说的就是这个道理。《仪礼·丧服》详细记载了古代的"五服"制度，所谓五服，即斩衰、齐衰、大功、小功、缌麻。根据家族中不同的亲疏关系，需要穿戴不同的丧服。关系最亲近的，如子女为父母，服斩衰；关系疏远的，如为表兄弟，服缌麻。亲疏不同，不仅丧服不同，服丧的时长也不同，从三年到三月不等。五服之外的远亲，就不再服丧了。

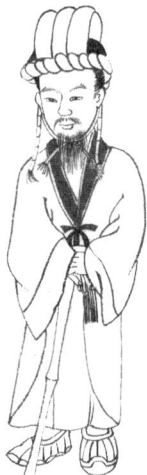

斩衰

小功

四

但愿人长久，千里共婵娟

每一个民族，都有自己的传统节日，这些传统节日蕴含着丰富的文化内涵。中华民族的传统节日，如春节、元宵节、清明节、端午节、七夕、中秋节、重阳节等，承载着中国人的悲欢离合，是中华民族千古传承的优秀文化。本节借助几首古诗词，学习几个中华节日礼仪。

◎ 原 文

元 日

宋·王安石

爆竹声中一岁除，春风送暖入屠苏。

千门万户曈曈日，总把新桃换旧符。

◎ 大 意

在一片爆竹声中送走了旧的一年，和煦的春风把屠苏酒都吹暖了。初升的太阳照耀着千家万户，每家都把去年的旧桃符换成了新的。

◎ 晓事明理

门神的故事

《西游记》第九、十回记载，泾河龙王犯了天条，应当在唐朝魏征处问斩。泾河龙王向唐太宗求情，唐太宗答应救他。次日午时，唐太宗宣魏征进宫，与他下棋，防止魏征出去行刑。谁知魏征神游云端，在梦中斩了泾河龙王。到了晚上，龙王的鬼魂来纠缠唐太宗，唐太宗胆战心惊，不能入眠。于是秦叔宝、尉迟敬德二位将军披挂整齐，威风凛凛地站在宫门外把守，唐太宗这才能安睡。后来觉得二位将军彻夜辛苦，于是命人画了叔宝、敬德二公的画像，贴在门上，夜间也能平安无事。流传到民间，叔宝、敬德二公就成为门神了。

这个故事是对中国门神年画的一种解释，但春节可不仅仅是贴个门神那么简单。春节是中华民族最重要、最盛大的节日，俗称"过年"。这是一个万象更新的节日，大家都要回家团聚，打扫卫生，置办年货，贴对联，放鞭炮，吃年夜饭，互相拜年，发压岁钱，节日氛围非常浓厚。过年活动从农历腊月二十三祭灶神开始，一直持续到正月十五闹元宵。

◎ 原　文

清　明

唐·杜牧

清明时节雨纷纷，路上行人欲断魂。

借问酒家何处有，牧童遥指杏花村。

◎ 大　意

清明的时候，细雨蒙蒙，路上的行人像丢了魂儿一样。向人询问哪里有卖酒的，牧童远远地指着那边的杏花村。

◎ 晓事明理

寒食节的故事

《左传·僖公二十四年》记载，晋文公入主晋国后，要赏赐跟随他一起流亡的人。晋文公没有赏赐介子推，他也没有去邀功请赏，而是和母亲一起隐居了。后来晋文公派人寻找他，没有找到，就把绵上的土地封给介子推，以此来铭记过失，表彰善人。《庄子·盗跖篇》说，介子推真是忠心到极点啊，流亡时期，曾经割下自己大腿的肉给晋文公吃，晋文公后来却背叛了他，介子推发怒离去，抱着树木烧死了。王逸《楚辞注》说，晋文公得国后赏赐从者，忘了赏赐介子推，于是介子推逃到介山隐居了。后来晋文公觉悟了，去追寻他，介子推不肯出来。晋文公就放火烧山，想要逼他下山，介子推抱着树被烧死了。后来传说，为了纪念介子推，晋文公规定这天禁火寒食，这就是寒食节的由来。清明节与寒食节最初是分开的，人们一般在清明踏青，寒食扫墓。后来因为清明节与寒食节日子相近，便渐渐合一了。

◎ 原 文

秋 夕

唐·杜牧

银烛秋光冷画屏，轻罗小扇扑流萤。
天阶夜色凉如水，坐看牵牛织女星。

◎ 大 意

银色的蜡烛泛着寒光，照在冷冷的屏风上，手拿轻巧的丝质团扇，扑打着飞舞的萤火虫。夜色如水，坐在凉凉的石阶上，观看天河旁的牛郎织女星。

◎ 晓事明理

牛郎织女的故事

《诗经·小雅·大东》中就有"跂彼织女""睆彼牵牛"的

诗句，汉代《古诗十九首》中的"迢迢牵牛星，皎皎河汉女"一诗，朗朗上口，使得牛郎织女的形象广为传播。民间传说，织女是天帝的孙女，负责为天空织云霞。后来她私自下凡，嫁给了人间的牛郎，还生了一对儿女。织女生活在人间，天上的云霞没人织了。于是天帝发怒，将织女捉回天上，她和牛郎只能在每年七月七日相会一次。每到这一天，无数的喜鹊飞来，在天河上架起一座桥梁，牛郎和织女就在这鹊桥上相会。

七夕节，又称七巧节或乞巧节，是一个以祈福、乞巧、爱情为主题的传统节日。中国南方一些地区有拜七姐的习俗，七姐又称七娘妈或七星娘娘。七姐诞辰是农历七月初七，古代女性在这一天向七姐祈求心灵手巧、婚姻幸福。后来七夕跟牛郎织女的故事联系起来了，在一些传说中认为七姐就是织女，七夕节如今成为中国的情人节了。

◎ 原 文

水调歌头

宋·苏轼

明月几时有？把酒问青天。不知天上宫阙，今夕是何年？我欲乘风归去，又恐琼楼玉宇，高处不胜寒。起舞弄清影，何似在人间？

转朱阁，低绮户，照无眠。不应有恨，何事长向别时圆？人有悲欢离合，月有阴晴圆缺，此事古难全。但愿人长久，千里共婵娟。

◎ 大 意

明月是从什么时候开始有的呢？我端起酒杯遥问苍天。不知道天上的宫殿，今晚是哪一年？我想凭借风力回到天上，又担心美玉砌成的宫殿太高，经受不住寒冷。于是起身舞蹈，玩赏自己清朗的影子，天上哪里比得了人间呢？

月亮转过红色的楼阁，透过华丽的门窗，照着没有睡意的人。月亮不应该对人有什么怨恨吧，为什么偏偏在离别的时候圆呢？人要经历悲欢离合，月亮要经历阴晴圆缺，欢乐团聚的事自古就很难周全。只希望人们天长地久，即使相隔千里，也能一起欣赏这明月。

◎ 晓事明理

嫦娥奔月的故事

农历八月十五是中秋节，又名团圆节。在中华民族的节日中，除了春节，就数中秋节重要了。在中秋节，家人要一起团圆、赏月、吃月饼。这首《水调歌头》写于1076年的中秋节，当时苏轼在密州为官，而弟弟苏辙远在他乡。那天晚上，苏轼非常高兴，通宵饮酒，喝得大醉，然后作了这首词。这首词上阕奇幻浪漫，引人遐想，时而在天上，时而在人间，最终认为天上不如人间；下阕思绪婉转，情理交融，由对弟弟的怀念之情，感受到整个人类的悲欢离合，最后祝愿人们天长地久，共享美好，显示出一种乐观旷达的情怀。

中国人似乎有一种月亮情结。一句"举头望明月，低头思故乡"，不知能

唤起多少中国游子的思乡之情。关于月亮，中国最著名的神话是嫦娥奔月。《淮南子·览冥训》记载，羿从西王母那里求得了不死神药，嫦娥偷了神药，飞到了月亮里。这位羿，是神话中的一个大英雄。《山海经·海内经》记载，天帝俊赐给羿红色的弓、白色的箭，让他到人间去帮助老百姓。《淮南子·本经训》记载，尧的时候，天上有十个太阳同时出现，地上还有各种各样的怪兽，于是羿上射太阳而下杀怪兽，为老百姓除掉了祸患。传说，十个太阳是天帝的十个儿子，羿射杀了九个太阳，得罪了天帝，不能再返回天界，所以才向西王母求取不死神药，结果神药被嫦娥窃取，才有了嫦娥奔月的故事。